Auf Wellenlänge

Originalausgabe

© 2010

Gisela Stumm, *Autorin*

Texte und Layout:
Gisela Stumm

Bilder und Cover-Hintergrund:
Marie von Jan

Digitale Assistenz:
Dr. Andrea Döppenschmitt
Ulrich Sprang
Ingo Wünschmann

Herstellung und Verlag:
Books on Demand GmbH (BoD)
Norderstedt

ISBN 978-3-8391-1528-2

Auf Wellenlänge

Gisela Stumm

Lyrische Betrachtungen
und Gedichte

Bilder Marie von Jan

Vorwort

Die Welle - eine ausdrucksstarke Metapher für das Leben.

Unser Dasein rollt durch die Zeit wie eine Woge, auf und ab. Sie ist ein Teil des großen Meeres, das wiederum im Hinblick auf die gesamte Schöpfung klein erscheint.

Ich zerlege das Meer in Wellen, gebe ihnen Namen, versehe sie mit Attributen, teile sie ein in menschliche Stärken und Schwächen, versuche in Form von lyrischen Betrachtungen und Gedichten einzelne Lebensphasen mit wenigen Worten auf den Punkt zu bringen, um sie später als Metapher global zu verschmelzen.

Manchmal verkleinere ich sie bis hin zu Kürzeln, die sich inhaltlich dem Leser erst in einer Wiederholung erschließen.
Ein Beispiel: *„In den Wogen des Meeres atmet das Licht"*. Anders ausgedrückt: Eine Allmacht beatmet die Welt.

Fühle dich beschützt auf deiner Wellenlänge.

Alles fließt

Befreiung vom Eis

Unterm Eis fließt der Bach
hat Kraft verloren
aber lebt

Sonne durchdringt Kälte
Wasserwunder strömt
mehr denn je

Wärme hat die Seele
aus dem Frost befreit
Liebe siegt

Auf einer Welle

du und ich
auf einer Welle

vom ewigen Wind
geformt und getragen

gemeinsames Fließen
im Strom unsrer Zeit

wir lachen und weinen
wir lieben und hassen
wir leben und sterben

im Strom unsrer Zeit
gemeinsames Fließen

geformt und getragen
vom ewigen Wind

auf einer Welle
du und ich

Angekommen

Der Urlaub winkt
wieder einmal
lockt das Meer
die Insel ruft
der Herzschlag steigt

Obwohl bereits am Ziel
hasten meine Füße
immer noch
als kämen sie
für irgendwas zu spät

Solange eine Art von Eile
mich beherrscht
bin ich nicht angekommen
dort wo die
Gelassenheit regiert

Am dritten Tag
endlich die Wende
langsamen Schrittes nun
erobere ich meine
kleine traumerfüllte Welt

Ich verschmelze mit der Zeit
male Herzen in den Sand
und die Gedanken
segeln mit dem Wind
weit, weit übers Meer

Wahrnehmung
des Inselfrühlings

AUGEN wandern in die Ferne
    Segel zieh'n am Horizont
    Wasser tanzt in hohen Wogen
    hat sich selbst
    mit Algenschaum gekrönt

OHREN himmelwärts
    ein Singen Rufen Warnen
    Dauerchor erfüllt die Luft
    auf Gras und Dünen Vogelbrut
    zwischen Sand und Meer

NASE in den Wind
    bewegte Luft gewürzt
    von Meeressalz und Watt
    atemfrischer Kiefernwald buhlt
    mit dem Duft der Friesenrose

MUND bleibt stumm
    in Ehrfurcht vor der Schöpfung
    wie klein wir sind
    und immer wieder stilles Staunen
    mit einem Herz voll Dankbarkeit

Insel-Zeit

Immer wieder
erfasst mich so ein
wundersames Glück,
denk ich an meine
Insel-Zeit zurück.

Vor meinen Augen
das stark bewegte Meer.
Vom linken Horizont
hinüber bis zum rechten
der Himmel über mir
wie eine große Glocke.
Unter meinen Füßen
gibt einen festen Stand
der Küstensand.

Mein Lebenselixier,
das ist der Wind,
der mit reiner Energie
die Lungenflügel stärkt,
das ist der Sonnenstrahl,
der bis ins Herz mir dringt,
das sind die weißen Wolken,
auf denen sich die Träume wiegen
und mit meiner Seele fliegen.

Allein geh ich am Strand entlang,
aber einsam bin ich nie.
Ich fühle mich als Teilchen

eines großen Ganzen,
eingebunden in den Lebenskreis
jener Schöpfungsmacht,
vor der ich mich hier
ehrfurchtsvoll verneige -
und meine leeren Hände zeige.

Immer wieder
erfasst mich so ein
wundersames Glück,
denk ich an meine
Insel-Zeit zurück

Meeresrausch

Mit dem
Wolkenkönig
fliege ich
auf das Eiland
meiner Träume

Flut umspült
das Ufer
hüllt mich
in ein fließendes
Gewand

Glitzerndes
Meereslicht
verzaubert Perlen
auf der nackten Haut
zu Diamanten

Mein Haar
durchkämmt
der Wind
ich fühle mich wie
eine Möwenfeder

die auf den
Wellen gleitet
und wartet
bis die Zeit
verrinnt

War es
erst gestern
als ich
Abschied nahm
vom Meeresrausch?

Hoffend auf
ein Wiedersehen
sagte ich dir
nicht adieu
sondern nur: bis bald

Auf dem Fluss

Passau-Hafen
Donaufahrt
eine Woche Auszeit
und an Bord
nur das Nötigste
im Handgepäck

zurückgelassen
bleibt der Alltag
die Verpflichtung
für eine kurze Zeit
auch die Menschen
die ich liebe

stromabwärts gleiten
zwischen fremden Ufern
vorbei an Burgen Klöstern
bunt bemalten Häusern
sich mit dem Fluss verbünden
auch in der leisen Nacht

ich alleine
unter Gleichgesinnten
häute mich in aller Stille
löse mich erleichtert
von dem alten Ballast
der Verklammerungen

leere in den eigenen Dateien
den Speicherplatz
für überflüssige Gedanken
werfe meine enge Hülle
über Bord und
die Bedenken hinterher

stromaufwärts
kehrt das große Boot
mit voller Kraft zurück
am Kai erwartet
mich die neue Zeit
der Möglichkeit

meinem Schiff
und seiner Crew
sag ich tausend Dank
wünsche gute Weiterfahrt
und schicke winkend
liebe Grüße hinterher

Schöpfungsakt
und Lebenskreis

Über allem strahlt die Klarheit.
Ein kleiner Punkt im Universum
formt sich zu einem Erdenball.
Der Himmel spiegelt Licht
ins Blau der Ozeane,
Lebensquellen
für den Schöpfungsakt.
Durch die Stätten der Geburten
fließen starke Energien.

Sattes Grün
durchzieht das Land,
um uns Wesen -
eingebunden in ein Ganzes -
zu erhalten.
Allumfassendes Naturgesetz
wiederholt sich immer neu.
In dem Salz der Tränen
wohnt das Wunder.

Eines Tages blicken wir
auf unser eignes Werk zurück.
Siehe da, wir sind
uns selber treu geblieben.
Vor unserm inneren Auge
zieht der blaue Strom
an uns vorbei,

an seinen grünen Ufern
verhallt Applaus.

Das Lager unsres Schiffes
ist gefüllt bis an den Rand.
Noch liegt das Steuerrad
in unsren Händen.
Kommt die Zeit
der Dämmerstunde
wird sich's wenden.
Dann schließt der Unermessliche
des Menschen Lebenskreis.

Nord - seewärts

Sie wirkt auf uns
wie ein Magnet
die weite See mit ihrem
nimmermüden Rauschen
riesige Naturgewalt
in ihrer Unermesslichkeit

Verschiedene Gesichter hat sie
mal ist sie sanft
und streichelt ihre Strände
ein andermal
peitscht sie brutal
die Meeresküsten aus

Voll Leben ist sie
diese Stätte der Geburten
zugleich für alle Wesen
reiche Nahrungsquelle
ein Gratisangebot
der nimmer müden Schöpfung

Mit der Beständigkeit
im Wechsel der Gezeiten
einem Kommen einem Gehen
belehrt sie uns auf ihre Weise
auch unser Dasein
so zu sehen

Trauer

Meine Welt
weint deinen Namen
aus der Seele
quellen Tränen
ich vergrabe mich
in ihrem Salz
erstarrt bin ich zur Säule

Regen-Segen
wird mich lösen
lässt mich
fließen und
den Kreislauf
schließen
mit dem Meer

Bewegung

Das Leben bewegt sich in Wellen
im Auf und Ab entwickeln sich
unaufhaltsam andere Formen
ob Wellen am Ufer versanden
oder ein Felsen sie sprengt
am Ende saugt der Himmel sie auf
und gibt sie in einem Kreislauf
den großen Wassern zurück

Gleichgewicht

Frühlingserwachen

Laue Hoffnungswinde
zerzausen die Winterdecken.
Unter den Sonnenstrahlen
zerfallen die alten Blätter zu Staub.
Schneeglöckchen läuten
verschlafene Krokusse wach.
Endlich atmet der Frühling auf.

Verträumt bin ich
aus meinem versteckten
Nestchen gekrochen,
löse die Winterstarre auf.
Das Jahr lockt mit bunten Angeboten,
ob ich sie annehmen werde,
weiß ich noch nicht.

Fort mit den Grillen

Unter dem Mantelsaum
des fliehenden Winters
lugen Schneeglöckchen hervor
Sonnenstrahlen küssen
bunte Primelchen wach
und verscheuchen zum Glück
meine Grillen

Verlorenes Gleichgewicht

Mädchen du gestraucheltes
hast dein Gleichgewicht verloren
halte Ausschau
nach der Seele Unbehagen
werfe ab den Ballast
trübsinniger Gedanken

Geh und pflege deine Liebe
pflücke Rosen und
Vergissmeinnicht
aber lade dir
nicht mehr auf
als du tragen kannst

Ziele

Deine erhofften Ziele
eilen davon wie
fliehende Schatten

Du hetzt hinterher
doch kannst du sie
niemals erreichen

Die einzige Lösung:
du müsstest nur deine
Richtung verändern

Emanzipation

Aus der Zwangsjacke
befreit
meine Haut
umgekrempelt
über mich
hinausgewachsen
wollte kein
Chamäleon mehr sein

Seelenbarometer

Worte Gesten Taten anderer
haben Einfluss
auf dein Seelenbarometer
das je nach Lage
fällt und steigt

das Grenzen aufweist
oder Wege zeigt

das Frust verbreitet
oder Ansporn gibt

das Handeln lahm legt
oder Kräfte stärkt

Der Einfluss
auf dein Seelenbarometer
liegt im Unbewussten
ihm kannst du nicht entgehen
ebenso nicht deinem Wettergott

Nicht allein

ich allein
du allein
gemeinsam
sind wir unterwegs
auf dem Pfad des Lebens
genau genommen
sind wir nicht allein

Mehrere Gesichter

Mehr als zwei Gesichter
hat ein jeder,
ob er das eine
oder andere zeigt,
liegt an seiner Lage.

Bewerten wir nicht Einzelteile,
jedermann hat
eine andere Sicht,
niemals werden wir
die volle Wahrheit sehen.

Den ganzen Menschen
in seinem Umfeld
vollends zu erfassen,
wird uns deshalb
nie gelingen.

Erforschen wir
uns selbst.
Sprechen nicht auch wir
manchmal
mit gespaltener Zunge?

Gedanke auf Abwegen

Gedankenverloren
suchte sie ihren
verschwundenen Gedanken

ihn zu sehen geglaubt
hetzte sie ihm hinterher
vergebliche Mühe

er war viel schneller als sie
verloren schien er
dieser Gedanke

plötzlich kam er
durch die Hintertüre
in ihr Stübchen

„Ich musste
einen Umweg machen
zu viele Einbahnstraßen

so nahm ich
eine Eselsbrücke"
sagte er

Morgendämmerung

Kühler Nachtwind
streift durch stilles Tal
schwerelos

Nebelschwadenschleier
umhüllen die Natur
geheimnisvoll

Himmelstau benetzt
den Schoß der Erde
Früchte bringend

Dunkle Farben weichen
langsam einem Tageslicht
sonnenhell

Segne großer Schöpfer
deine Kinder in der Welt
bedingungslos

Firmament

Meine Sterne
flimmern
nur im Gegenlicht

Meine Monde
zeigen
unberührte Seiten

Meine Sonnen
strahlen
mitten in der Nacht

Ist der Tag erwacht
passt meine große Welt
in einen Schuhkarton

Frühlingshaftes

Gefiederte Freunde kehren heim
eröffnen die Kinderstuben
verschönern die Welt
durch akustischen Glanz

Zwischen den Weidenkätzchen
vibrieren die Brummeln
würzige Luft schmeckt
nach köstlichem Leben

Eine Windbö verwirbelt
die alten Blätter
verfängt sich tanzend
in den Saiten der Harfen

Vom Hemmschuh
des Winters befreit
leg ich das Kleid
mit den Flügeln an

Meine Seele verbrüdert sich
mit einer Lerche und
im Duett bejubeln wir
das Erwachen unserer Natur

Hürdensprung

Wenn ich
vor dem Arbeitshaufen stehe
und nicht weiß,
wo ich beginnen soll,
fange ich erst gar nicht an.

Hundert Kleinigkeiten,
die mir Freude machen,
gehen jetzt durch meinen Sinn.

Ich lebe und genieße sie,
trotz des Gewissens,
das mich mahnt,
im Augenblick
an Wichtiges zu denken.

Morgen, morgen,
nur nicht heute,
heißt die Entschuldigung.

Der Alltagstrott
und seine Pflichten
sind eine Norm
für jedermann und
oftmals eine Hürde.

Ist sie genommen,
öffnet sich das Tor
zu einer anderen Welt.

Nun reichen tausend
wunderbare Möglichkeiten
mir die Hand
zu neuen,
angenehmen Taten.

Gassi gehen

Wenn die Nacht
dem Tag das Zepter reicht
und er langsam
seinen Stundenfächer öffnet,
dann ergreife ich
die Flucht ins Freie und
führe meinen Hund spazieren.

Der Versuch,
dem Hunde nachzurennen,
gelingt mir nicht.
Stets voraus läuft auch
mein arbeitsreicher Tag.

Soll ich ehrlich sein?
In Wirklichkeit
besitze ich kein Tier.
In aller Frühe,
je nach Lust und Laune,
gehe ich gern Gassi mit
dem inneren Schweinehund.

Wen(n) die Muse küsst

Alina, eine belletristische Unschuld,
quälten nutzlose Gedanken.
Sie sehnte den zündenden Einfall herbei.

Blitzartig, heraus aus dem Dunkel
erschien er als literarische Dreifaltigkeit
mit Muse und Eingebung an den Flanken.

Von der Muse ließ Alina
sich stürmisch küssen und
von der Eingebung tief durchdringen.

Im Rausche ihres Glückes
tanzten Alina und der Einfall
eine heiße Inspiration.

Seit diesem Tage ging die
geistig Schöpferische schwanger
mit innerlich wachsenden Ideen.

Alina gebar Roman, ihren ersten Sohn.
mit Lorbeer umkränzt eroberte
er als Renner die Welt.

Alsbald ersann die gekürte Dichterin
kleine lyrische Kostbarkeiten, die wie
zarte Elfen durch den Äther schwebten.

Das große beseelte Opus
trugen die Schwingen des Windes
über die raunenden Meere.

Ode an die Tomate

Unter freiem Himmel
Käsebrötchen in der rechten
in der linken Hand
eine vollreife Tomate
Vorsicht beim ersten Biss
spritzt sonst nach allen Seiten
kenn' ich aus Erfahrung

Jetzt - Glück gehabt - dann
dieses sinnliche Vergnügen
das Schlürfen von Saft und Samen
das Kosten der fleischigen Masse
Augen geschlossen
ein Hochgenuss im Quadrat

Wie viele Jahre
hatte ich nicht mehr in eine
unversehrte Tomate gebissen -
sonst immer nur zerteilt
mit Messer und Gabel
in Stückchen und Scheibchen
gepudert mit Pfeffer und Salz
manchmal auch Schnittlauch

Und jetzt
ohne Würze
- weder mit Mozzarella
noch mit Basilikum -
endlich wieder einmal
Natur ganz pur

Erinnerungen an magere Kindheit
1945 Flucht aus Danzig
über die Ostsee nach Dänemark
zwei Jahre Internierungslager
dann in Niedersachsen
bäuerliche Einquartierung
in nur einem Raum
zu fünft gehaust
als Dauergast
auch noch der Hunger

Stromern
mit anderen Neunjährigen
durch fremde Schrebergärten
gebückt, auf dem Bauch gerobbt
nur nicht erwischen lassen
auf dieser Schlemmertour
der süßen Erbsenschoten
der kleinen Einmachgurken
eilig die Schale abgeraspelt
mit Schneidezähnen
Stücke zerkauen und schlucken
schnell

Als Krönung dann
sonnengereifte Tomaten
welch himmlischer Duft
unvergleichbares Aroma
herzhafter Biss
mit Vorsicht
saugen und schlürfen
welche Wonne
im Bewusstsein
des Diebstahls

Die anderen
hatten ja auch nicht viel
nur das
mit Mühe Gehegte, Gepflegte
aber das
hatten sie
- hätten früher ernten sollen
das Zeug würde nachwachsen -

Wir dagegen
kannten nur Sauerbrot
auf Herdplatten geröstet
mit selbstgekochtem Sirup
aus Zuckerrüben
vom Feldrand
gezogen aus nasser Erde
bei Dunkelheit

Jahre später - wie oft -
um Vergebung gebetet
Mundraub
wird nicht geahndet
erfuhr ich eines Tages
zu meiner Erleichterung

Versöhnung
und Frieden

Sich versöhnen
mit dem Schicksal
sich versöhnen
mit dem ICH
macht den Weg frei
für den Wandel
stärkt die Basis
für den Frieden

Wieder in Farben sehen

Sie waren wichtig
einst
die vielen Dinge
und wir selbst
im Vordergrund

verschoben hat sich
unsere Eigenwelt
wir müssen
nicht mehr kämpfen
um das Gut

das rechte Lot
ist angesagt
die Kräfte zu erhalten
das innere
Gleichgewicht

wir leben
von dem Korn
das wir gesät
vom reichen Gut
der ausgestreuten Liebe

in stiller Demut
lassen wir
noch einmal
die Vergangenheit
passieren

nicht alles lag
im rechten Maß
unfehlbar
sind wir nicht
in unsren Zwängen

vergeben
wollen wir uns
und den anderen
endlich inneren
Frieden schließen

so können wir
das Leben und
des Himmels Weite
wieder in ihren
Farben sehen

Dein Feld

so bestelle dein Feld
und säe die Liebe
blühen werden Rosen

so bestelle dein Feld
und säe die Treue
wachsen werden Bäume

so bestelle dein Feld
und säe den Einklang
reifen werden Früchte

so bitte um Segen
mit dankbarem Herzen
und bestelle dein Feld

Bewegt

Setze die Segel
vertraue dem Wind
in den Wogen des Meeres
atmet das Licht

Lebensstürme

Turbulenzen

Nicht alles
bleibt so wie es ist.
Es kommt der Tag,
an dem sich etwas
ändern wird,
wenn das Unheil
vor dir steht
mit einem Schwert.

Es fordert dich
zum Kampf heraus!
Turbulenzen
wollen Opfer.
Am Tag des Sieges
stehst du da
mit starker Hand
und einer neuen Freiheit.

Offenbarung

Es gibt Tage,
an denen du glaubst,
die Welt ginge unter.

Du fühlst dich gequält,
gefoltert, erdrückt
und bist wie erblindet.

Ganz unerwartet
sagt jemand: so nicht!
und reicht dir die Hand.

Dann öffnet er dir
deine Augen,
sich selbst das Herz.

Es gibt Tage,
da glaubst du
an Wunder.

Lebensbühne
der Eselin

Endloser Weg,
steinübersät, hitzeverbrannt,
Spalier vertrockneter Gräser.
In den knorrigen Kronen
der alten Olivenbäume
regt sich kein Blatt.
Stehende Luft ohne Atem.

Lebensbühne der Eselin
im tristgrauen Kleid,
staubgepudert.
Ein Schaben im Sand,
ein Trippeln und Traben,
leichtfüßiger Gang,
obwohl schwer beladen.

Lastenträgerin unter
der glutheißen Sonne
duldet den schweren Mann
auf ihrem Rücken,
erträgt an zitternden Flanken
den Stockschlag zum Antrieb.
I-ah! Das ist ihr Los.

Erschöpfung am Ziel.
Befreit von der Last des Tages
träumt sie im Schlaf

von streichelnden Händen -
und einer sehr langen Reise.
SIE trägt die Mutter Maria
mit ihrem neugeborenen Kind.

Namenlose Zwänge

Ich kann nicht so,
wie ich oft will.
Es sind die
namenlosen Zwänge,
die wie Pilz-Myzele
in mein Leben wuchern.

Sind es neben
freiem Willen
nicht auch die
unerwünschten Härten,
aus denen gute
Früchte wachsen?

Schattenflucht

Stark das Verlangen
groß die Versuchung
endlich entfliehen
dem Schattenleben

Wiegende Blumen
im goldenen Licht
öffnen die Kelche
Nektar den Bienen

Traumeserwachen
im Wolkenversteck
Himmelsbilder aus
perlenden Tränen

Im fremden Land

Fremd ist das Land,
fremd sind die Menschen,
fremd ihre Sprache,
fremd auch der Himmel.

Hier bin ich fremd in der Fremde.

Es ist mein Los,
mein schmerzhaftes Los,
nicht vergessen zu können
das Gestern der Qualen.

Frage mich nicht nach den Tränen.

Reich mir die Hand
in meiner Fremde.
Gewähre mir Freiheit und gib
neue Hoffnung dem Leben.

Lass uns eine Brücke bauen.

Verbal

Ein Wort
ein Wort nur
ein böses Wort
und der Himmel
verkleidet sein Blau
in ein Grau
in ein graues Grau

Schulterlast drückt
auf das Wundmal
kein Stein fällt vom Herzen
das Lächeln zieht sich
ins Kernhaus zurück
zwischen verklebten Lippen
erstickt jede Sprache

Stille unheimliche Stille
im sehnlichen Warten
auf eine Begegnung
malt wieder blau
ermuntert der Wind
und trocknet langsam
die bitteren Tränen

Gestutzt

Du einsames Leben,
in Rosen und
Dornen gebettet,
wo sind deine Triebe?
Mitten ins Herz
tief getroffen
hat dich der Frost.

Sie setzte dir zu,
die eisige Kälte,
stutzte dich böse zurecht.
In dunkler Erde
verharren scheintot
nur ein paar
einsame Wurzeln.

Reiße nicht aus
deinen alten Rosenstock,
schneide zurück
die vertrockneten Zweige
und warte geduldig
auf neues Leben.
Erholung fordert Zeit.

Bald wirst du sehen:
eines Tages sprießen
neue Triebe,
lachsfarbene Rosen,
wie in alten Tagen,

genährt durch die Urkraft
der Mutter Erde.

Drum warte geduldig
auf mögliche Ansätze.
Gib anderen und dir
eine neue Chance.
Doch schütze dein Leben
zur rechten Zeit
vor einem eiskalten Winter.

Speicher voll

Ballast
deines Herzens

Sperrmüll
deiner Seele

voll sind
alle Speicher

deine Taube
fliegt nicht mehr

fernab lauern
die Hyänen

Auswegsuche
vor dem Würgegriff

Offenbarung
rollt von hinten auf

Kraft erwächst
im Neubeginn

Im Käfig

Manchmal
hast du das Gefühl,
als lebtest du
in einem Bann.
Wie ein Vogel
mit gestutzten Flügeln
blickst du einsam
durch die Gitterstäbe
eines goldenen Käfigs.

Manchmal
steigst du in dein
Wolkenkuckucksheim
und vergisst die Welt.
Buntes Leben, lautes Treiben
zieh'n an dir vorbei.
Ungeliebt und unbeachtet
fristest du dein Dasein,
hoffst auf die Erlösung.

Manchmal
siehst du deine Welt
mit anderen Augen.
Wundersam ist die Verwandlung.
Eine Stimme ruft in dir:
"Alles Hirngespinste,
dieser Käfig, die Verzauberung!"
Und du merkst erst jetzt:
deine Tür war nie verschlossen.

Winterspaziergang

Februarsonne
wärmt Vogelgefieder
und dein blasses
Stubengesicht.
Durch tiefen Schnee
schnürst du
die erste Spur im
diamantbestreuten
Winterflausch.
Auf stillen Fluren
nimmt deine Unruh'
sich eine Auszeit.
Sorge verfängt sich
in einem Zweig
der Douglasie, einst
Zwerg in der Schonung,
nun zum Giganten gewachsen.
Wo ist die Zeit geblieben?
Im kahlen Geäst
beginnen Meisen
zaghaft zu werben.
Die Februarsonne
hat bereits jetzt
ihre Liebe geweckt.
Über dir zeigt sich
der treue Himmel
in strahlendem Blau.

Ein weißer Mantel bedeckt
im Herbst geschlagenes Holz,
nicht abgeholt.
Vergänglich ist alles,
wie Schnee auf der Hand.
Ins Tal zurück führt dich
die eigene Spur.

Erneuerung

Staub von der Straße gekratzt
mit Tränen vermischt
als Maske aufs Gesicht gelegt
erstarrt zur Verpuppung
Reglosigkeit in Verbannung
Depressionen im Tiefstand

Bitte keine Ansprache
Ohren haben Durchzug
hier rein und da raus
im Gehirn flackert Sparflamme
keine Liebe für Blumen
keine Freude am Wein

Der Willenlosigkeit folgt
eines Tages die Wende
im vermeintlichen Feind
ein Sich-Selbst-Erkennen
geöffnete Flügeltüren
ermöglichen Jungfernflug

Wucherer

Böse bist du
Wucherer
schlängelst dich
durch meine Haut
frisst dich satt
zum Platzen

Ich werde
meine Kräfte messen
dir den Garaus machen
dich auf
Nimmer-Wiedersehn
vernichten

Gute Zellen
werden sprießen
und dem Leben
neues Glück verleihen
unbegrenzt
ist meine Zuversicht

Der mit der Zange

Er schlich sich
in mein Leben,
ganz heimlich,
unbemerkt,
nahm mich plötzlich
in die Zange,
unerwartet heftig.

Warum?
Warum gerade mich?
Auf diese Frage
gab es keine Antwort.
Ein arger Krieg
ward angesagt.
Ich wollte überleben.

In der Kampf-Arena
bangten die Betrachter
als das rote Tuch zerriss.
Auf ein glühend Eisen
schlug der Hammer.
Heißes Ringen
formte meine Rundung.

Im Erwachen
schien es mir,
als wäre alles
nur ein bitterböser Traum.

Mit neuen Sinnen
umarme ich die Welt,
die mir gottlob geblieben ist.

Dein Wille mir geschehe

Begleitet
hat die Hoffnung mich
genährt
die Zuversicht
gab mich
vertrauensvoll
in deine Hände

Dein Wille
mir geschehe

Erwacht
bin ich
aus bösen Träumen
hast mein Leben
mir zurückgegeben
schöpfe Mut
zum Neubeginn

Dein Wille
mir geschehe

Gezählt
sind meine Jahre
schenk mir Kraft
für die Zeit
die mir bleibt

will sie nehmen
in tiefer Dankbarkeit

Dein Wille
mir geschehe

Warten

Im Ewig-Warten
fährt die Seele Achterbahn
die Welt steht Kopf

einmal hoch
zum Himmel fliegen
und zurück ins tiefste Tal

paralysierte
Existenz
ohne einzugreifen

gebeutelt
landest du erneut
im Wartehaus

nur eine Antwort
gibt die Bodenhaftung
dir zurück

ein JA
beschwingt den Schritt
ins angepeilte Ziel

ein NEIN
lässt dich nun
weiter reifen

Gestrandet

Herzeleid

es begann einst
als ich Kind war
dieses Herzeleid

es ging jahrelang
an meiner Seite
wie ein blinder Hund

obwohl ich ihm
mein Herzblut gab
vertrocknete die Seele

der Ersehnte
strebte nur danach
den Südpol anzufliegen

Prinz Eisenherz

Denk ich an dich
Prinz Eisenherz
gefriert das Lied
auf meinen Lippen

Weinen höre ich
deine wunde Seele
der Schrei verhallt
im Niemandsland

Du selbst hast dir
den Dornenweg gewählt
auf deinem Liebesfeld
da wachsen Steine

Gehst du vorbei
Prinz Eisenherz
vergiss die Rosen nicht
die ich einst für dich streute

Verwelken

Platonische Liebe
zärtliche Gedanken
erblühen im Herzen
zu duftigen Sträußen
die in den Krügen
ohne Wasser
verwelken

Konträr

Du stellst mir ein Bein
und breitest deine Arme aus

Du schlägst mich
und pflegst meine Wunden

Du stößt mich von der Klippe
und fängst mich unten auf

Du lässt mich dürsten
und reichst mir roten Wein

Du lässt mich hungern
und fütterst mich mit Schokolade

Und ich, ich schweige
und frage mich: warum

Defizit

Vision!
Geträumt mit offenen Augen
an unserem ersten Tag:
Angstgefühl, unerklärbar,
jahrelang verdrängt,
abgetan als Spinnigkeit.

Auf der alten Straße
lauern die Fratzen
hinter den Bäumen,
tanzen Gespenster
zwischen den Steinen,
spukt jetzt dein Geist.
Auf rauem Asphalt
liegen zerbrochene Seelen.
Deine Vergangenheit
schickst du zum Teufel.
Nicht nur dein Herz
ist verwaist.

Gemeinsames Dasein,
geschieden im Zorn,
ohne Versöhnung.
Wie lange noch
willst du so leben?
In unseren Tränensee
warfst du den Schlüssel.
Tauchte ich nach ihm,
würde ich sicher ertrinken.

Dann wäre mein Tod
endlich Gerechtigkeit,
Rachsucht hätt' Ruh.

Vision!
Geträumt seinerzeit
mit offenen Augen:
eines nachts käme
ich, Frau und Mutter,
in große Bedrängnis.

Vertreibung und Flucht

Nebelschwaden
zogen auf und
trennten deine Träume
von der Wirklichkeit

Man trat dich
mit den Füßen
hatte dir den Mund verboten
denn er sei nur dumm

Stumme Schreie
blieben stecken
unter den Familiensocken
einer links einer rechts herum

Deine Seele lag auf Eis
hatte Angst vorm Schmelzen
deine Tränen trockneten
im Federkissen nie

Vertreibung aus
dem einst geglaubten Paradies
in einer grauenvollen Nacht
ohne Sterne

Die rosarote Liebe floh
als rabenschwarzes Fremdwort
in eine unbestimmte Zukunft -
ein Zurück war ausgeschlossen

Fassaden

hinter den Fassaden

beschmutzt Verrat die alte Liebe
brodeln Gedanken schwefelgelb
posiert der Pfau im Sumpfgelände
kräht der Hahn mit heiserer Stimme
leckt der Kater seine Wunden

Reißt Mauern ein
und stürzt Fassaden
tragt Lichter in die Dunkelheit
und kreuzt die Hände
über Eurem Herzens-Ja

vor den Fassaden

Gebrochener Mann

Er und sein Markenzeichen:
Tatkraft, Energie und starker Wille.
Auf der Strecke blieb die Liebe.
Die Schuld liegt
nur bei anderen, sagt er.

Herzensdame hat
ihm einen Korb gegeben,
seine zweite ihm das Herz gebrochen,
die dritte brach ihm fast das Kreuz,
als sie sich ihren Freiraum suchte.

Nur mit geknirschten Zähnen
duldet er anderen
ihren Anspruch,
den sie sich im Vorfeld
erst erkämpfen müssen.

Gebrochener Mann,
o, Marionette,
verkriecht sich hinter seinem Bart;
erbarmungsvoller Anblick
nur für die, die nicht viel wissen.

Er lauert in der Ecke,
scheinbar willenlos,
und versteckt die spitzen Stachel
des Zynismus und der Überheblichkeit,
- man weiß ja nie!

Selbstmitleid
hängt wie ein Schleier
vor seinen müden Augen,
die den Schuss ins Schwarze
kaum mehr treffen.

Nicht, dass er keine Hände
zur Versöhnung hätte.
Es hindert ihn sein Herz aus Stein,
das nicht den steten Takt
zum Seelenfrieden schlagen kann.

Gebrochener!
Schau' doch nach vorn!
Wirf ab den Ballast deiner Seele!
Wir alle tragen irgendeine Schuld,
aber werfen nicht mit Steinen.

Abrechnung

Ich rechne ab
mit dem
den ich gern wollte
und nicht bekam

ich rechne ab
mit dem
den ich bekam
und nicht gern wollte

ich rechne ab
mit mir

emotional

Stäubchen-Reise

Gutes einst wichtig
zeitlich verlebt
als Trümmer
im Abfall gelandet

Strandgut gebeutelt
gewalkt zermalmt
das Gestern zerrieben
zu Körnchen

so reist es
vielfach verändert
als Stäubchen
um unsere Welt

Strandgut

Vor deinen Füßen
müdes Strandgut:

das enge Band um deinen Hals
die Hände mit dem Würgegriff
das böse Wort in deinem Ohr

morgen holt das Meer zurück
was es einst zur Schau gestellt
befreit - erfrischt - macht neu

vorbei die vielen Qualen
der Vergangenheit und
Angst in deinem Herzen

die Erfüllung deiner Sehnsucht
ankert schon im Hafen

Ankern der Seele

Sich häuten

Glockenläuten
und aus Gründen
Seele waschen

durch die Maschen
fliehen Sünden
die sich häuten

Auszeit

Vorbei die Auszeit
mein Zug rast
in den Alltag
und mein Gemüt
das trottet hinterher

Ich warte
auf die Ankunft
meiner Seele
mit einer Muschel
in der Hand

Mein ist der Tag

die Nacht packt ihre Träume ein
und flieht bis an den Rand der Zeit
ein Amselruf zerreißt die Stille

wenn das erste Licht die Erde flutet
ertönt im Chor der Vögel Lobgesang
es ist Frühling und der Tag bricht an

gepflügte Scholle atmet auf
frisch ergrüntes Feld inhaliert
die feinen Nebeltröpfchen

ich genieße diesen frischen Morgen
mit seiner schöpferischen Kraft
vorbei die Nacht - mein ist der Tag

Zauberland der Träume

Im Zauberland der Träume
explodieren deine Wünsche
im Vulkan.
Geballte Energie
überrollt die Ängste.
Wogen des Begehrens
brechen ungehindert
starre Konventionen.
Deine Sorgen
ziehen Flügel an.

Wenn erstes Morgenlicht
die dunkle Nacht
in helle Farben kleidet,
sich das Blau des Himmels
mit dem Lebensgrün vermählt,
öffnest du verträumt
die Augen
und umarmst
mit schöpferischer Kraft
deinen neuen Tag.

Sommerwiese

Auf dem Berg-Plateau,
umrahmt von Schlehenhecken,
Vogelkirschen, Tannen,
liegt versteckt
ein kleines Paradies,
ein Kleinod fürs Gemüt.

An Sommertagen
hüllt die Wiese sich
in ein Festgewand
aus tausend Farben.
Blütendüfte locken
Bienen an und bunte Falter.

Freundlich lädt mich
eine Holzbank ein
zum Verweilen,
zum Sinnieren, Meditieren.
In der Seelen-Ruhe
wächst die Kraft.

Mit allen Sinnen
umarme ich
die Schönheit der Natur.
Und aus dem Himmel
fließt ein Segen
über dieses stille Land.

Aufbruch aus der Stille

Was ist es,
das mein Herz bewegt?

Ist es das Korn
auf jenem Feld, das mich
mit Dankbarkeit erfüllt?
Oder dieser schmale Pfad,
der am Horizont
im Nichts verschwindet?
Ist es des Himmels Weite
und der Glaube
an das Immerwährende?

Meine andachtsvolle Stille
durchbricht
ein jubelnder Gesang.
Es ist die Lerche,
die mit leichtem Flügelschlag
sich in die Lüfte schraubt
und in höchsten Tönen
die Geburt
des neuen Lebens preist.

Das ist es,
was mein Herz bewegt.

Augen-Blicke

Augen
voller Wärme
die jedes Eis
zum Schmelzen bringen

Augen
die wie Sterne funkeln
und am Firmament
verglühen

Augen
die das Leid verdrängen
aber weinen
in der Nacht

Augen
mit dem Blick des Kindes
und dem Kummer
einer Frau

Augen
die den Schelm verstecken
später tanzen
mit dem Clown

Augen
die das Glück verkünden
und ein Paradies
versprechen

Augen
voll Melancholie
Augen-Blicke der
Judith-Marie

Dein sein
dein **Sein**

dein **Sein**
dein Leben
auf dieser Erde
ein Mosaikstein
der Schöpfung
dein **Sein**

Dein sein
das ist der Schwur
deiner Liebe
in dir ein Sehnen
nach ewigem
Dein sein

Seelen-Tanz

Wenn ich an dich denke,
wird mein Herz so warm.
Aus deinem Zaubermantel
schickst du Tauben mir
zum lieben Gruß.

Wenn ich deine Stimme höre,
hat dein Geist mich voll erfasst.
Vernetzt sind wir im Sein
und schürfen in der Tiefe
unseres Wesens.

Wenn unsere Seelen tanzen,
vergessen wir die Welt.
Durch die stillen Räume
schweben unsre Träume
bis zum Rand der Zeit.

Spiegelbilder

Staunend blickte sie
in ihren Spiegel.
Wer war die Frau
mit diesen weißen Haaren
und den hundert Furchen
im Gesicht,
die wie ausgetretene Pfade
sich in einem Labyrinth verliefen?
Modellierte Falten,
braune Flecken auf der Haut,
die Entwicklung und das Fazit
der Vergangenheit.

Sie erkannte sich
in ihrem Lächeln.
Wie der Vater, dachte sie.
Wenn seine Augen leuchteten,
begann sein Schelm zu tanzen.
Und Mutter tanzte mit,
rund um den Tisch
in ihrer kleinen Stube.
Ach, wie so oft sang sie ein Lied!

Ein Hauch von Wehmut
trübte ihren Blick im Spiegel.
Die spätere Leidenszeit
der Eltern
zog wie eine graue Wolke
über ihre Seele.

Die alte Dame wischte
diesen Rückblick fort.

Nun wurde sie
zur eigenen Betrachterin,
die sich selbst von innen sah.
An ihr vorbei
zogen Filmsequenzen,
schattenhaft zuerst,
dann immer klarer.
Vor ihren Augen erschien
das kleine Kind
beim Kästchenhüpfen,
das Mädchen träumend
in dem Arm des Prinzen,
stillend eine junge Mutter.
Es folgte bald die attraktive Frau
mit einem Herz am rechten Fleck.

Sie hatte das Talent,
alle Geister zu erwecken,
und diese gaben ihr ein Fest,
im Frühlingszauber
und im Sommerlicht,
in des Herbstes Fülle
und der Winterstille.

Die Konturen aller Jahre
hat das Phänomen
der Zeit verwischt.
Dünnhäutig
war sie jetzt geworden,
manchmal ergriffen
von Melancholie,

doch hat sie - Gott sei Dank -
hellwache Sinne.
Im tiefsten Herzen aber
war sie Kind geblieben.

Und immer wieder
dieses große Staunen.

Was ist Zeit?
Wo geht sie hin?
Warum so schnell?

Die alte Dame
mit dem weißen Haar sinnierte.
Sichtbar wurde Zeitgeschehen
durch immerwährende
Veränderungen in der Welt,
der lauten und der leisen,
von wundersamer Hand erschaffen,
sichtbar auch durch alle Wesen,
denn sie leben in und mit der Zeit.
Stets war und ist sie überall,
doch greifbar nirgendwo,
unaufhaltsam, wandelbar
in einer immer wieder
anderen Gestalt.

Mit einem Mal
erschien in ihrem Spiegel
ein weiteres Gesicht,
ein liebes, sehr vertrautes.
Es strahlte so wie tausend Sonnen.
Und eine Stimme flüsterte:
„Wie schön du bist im weißen Haar!"

Freudig erregt sah sie sich um.
Sie war allein.
Die Erinnerungen flogen fort
auf dem Rücken einer Taube.

Dann öffnete sich leise eine Tür.
Die alte Dame ging den Weg,
der ihr noch blieb -
ohne einen Blick zurück.
Ihr Staunen nahm sie mit.

Neue Energie

vorbei die Reise
und die Preise

es lebe die Erinnerung
an unbeschwerte Tage

für meinen Alltag
bin ich nun bereit

zur Entfaltung
neuer Energie

gewonnen aus der Zeit
intensiv gelebter Träume

Wir in einem Boot

Das Geheimnis

Du schwingst dich auf
aus der Tiefe
in die Höhe
du jubelst
dein Herz möchte zerspringen
du denkst
jeder müsste es dir ansehen
und willst es aller Welt erzählen
doch du sagst nichts
weder den Freunden
noch den Vertrauten
auch nicht in schwachen Stunden
du kämpfst mit dir selbst
dein Lächeln bleibt
vom Geheimnis umgeben
du lernst es
mit diesem Wissen
alleine zu leben
und baust es
in deinen Alltag mit ein
und immer wieder
ertappst du dich
wie du aus deiner Haut schlüpfst
um zugleich
dein eigener Zuschauer zu sein
dann staunst du
über den Eklat perfekt
niemand hätte das gedacht
am wenigsten du

Schäferstunden

Ich fiel von der Stufe
in deine offenen Arme
an dein pochendes Herz.
Endlich! Du hättest lange
darauf gewartet.

Zärtliche Liebe
und innige Wärme
erfüllten mich ganz und gar.
Sie ließen mich reifen
in stillem Erleben.

Wir lauschten
der Flöte des Pans
und tanzten barfuß
auf blühenden Hügeln
unsere Sehnsüchte aus.

Tränen des Abschieds
quollen wie Lava
durch meine Seele.
Mit dir verloren sich
meine tiefsten Gefühle.

Panflötenklänge erwecken
immer wieder aufs Neue
die Wehmut in mir und
die Erinnerung an jene
unwiederbringliche Zeit.

Flug der Wortgebilde

Wie Samenkörner sind sie
meine kleinen Wortgebilde
fliegen mit dem Wind
nach Irgendwo

Sie treffen
hart auf Stein
oder weich ins Herz
keimen im Gemüt

Irgendwann
schenkt mir jemand
einen Blumenstrauß und
sagt „Von ganzem Herzen"

Meine Freundin
Moni

Was sind
meine kleinen
Wehwehchen
gegen deine
Krankheit
Mukoviszidose?!

Meine Lungen
füllen sich
von ganz allein.
Deine Atemzüge
regelt Sauerstoff
aus Flaschen.

Meine Nahrung
wächst in
allen Gärten.
Deine Lebenskräfte
unterstützen
bittere Pillen.

Doch etwas
haben wir
gemeinsam:
Wir teilen uns
die Sonnenstrahlen
und den Mondenschein.

Wir verknüpfen
unsere Herzen mit
dem Band der Liebe,
und wir glauben
an die Seelen
nach der Zeit.

Rückkehr

Das Land
der Abenteuer
liegt in weiter Ferne
das Haus
der stillen Liebe
auch

Die Kleider
des verlorenen Sohnes
sind verbrannt
nur seine Haut
hat er gerettet und
sein verirrtes Herz

Er stolpert
über seine müden Füße
fällt in die Arme
seines früheren Glücks
ganz weich
ganz warm

Endlich
die Vergebung und
das Ankern seiner Seele
wieder wonnetrunken
Herz an Herz
neu vereint

Energie
durch Zuwendung

Vom ICH
zum DU
vom DU
zum WIR

Gemeinsam Freude teilen
zusammen Lasten tragen
ungehindert fließen lassen
der Seele Energie
durch uns
zu dir
durch dich
zu mir

Beistand

Weiß dein Haar
getrübt der Blick
schwach und krank
Ich komme

Reich mir die Hand
hier ist mein Arm
geh' einen Schritt
Ich bin da

Setz' dich nieder
leg dich hin
ruh dich aus
Ich bleibe hier

Das Labyrinth

Ich träumte einen Traum.

In einem Labyrinth
auf verschlungenen Wegen
trafen aufeinander
die Weißen und die Schwarzen,
die Roten und die Gelben.
Jeder suchte einen Ausgang.

Alle hatten Hunger nach dem Leben,
alle hatten Lust auf Liebe.
Doch jeder dachte nur an sich.
An den düsteren Fassaden
ohne Fenster, ohne Türen,
prallte ihre Sehnsucht ab.

Hohe Mauern warfen Schatten,
unerreichbar schien das Licht.
Jeder rief in seiner Sprache:
"Ich will hier raus!"
Das Echo schlug an starre Wände.

Ich träumte einen Traum.

Die Weißen und die Schwarzen,
die Roten und die Gelben
öffneten die Herzen.
Da drang Helligkeit ins Labyrinth.
Fremde reichten sich die Hand.

Als starke Menschenkette
zogen sie gemeinsam in ihr Ziel.

An einem runden Tisch
saßen sie als Freunde.
Über ihnen ließ der Himmel
Manna regnen,
und alle, alle wurden satt.

Ich träumte einen Traum.

Als ich erwachte,
stand ich in einem Labyrinth
mit meterhohen Wänden.
Aus tausend kleinen Fenstern
fiel helles Licht auf meinen Weg.

In Eintracht

weinen
warum weinen
lachen

hassen
warum hassen
lieben

töten
warum töten
leben

unser kurzes Dasein
ist viel zu schade
zum Weinen
zum Hassen
zum Töten

so lass uns
in Eintracht
lachen
lieben
und leben

Keine Sternen-Reise

Warum reisen zu den Sternen?
Ist die Erde uns nicht groß genug?
Im Angebot für Energie und Leben
stehen Sonne, Wasser, Wind.

Um diese vollends auszuschöpfen,
fehlt es an genügend Wissen.
Lieber bauen wir Raketen und
erforschen andere Gestirne.

Nahrungsmittel können wir verzaubern
und mit ihnen unsere Autos füttern,
während anderswo der Hungertod
in Massen arme Menschen frisst.

In allen Religionen dieser Welt
predigt man die LIEBE.
Stattdessen schüren wir den Hass,
handeln heimlich mit Granaten.

Wenn die Gefahr vorüber ist, flicken wir
die vom Feind geschlagenen Löcher.
Nein, nicht nur aus Barmherzigkeit,
denn wieder geht es ums Geschäft.

Nicht nur von einer heilen Erde träumen,
fassen wir das Lebensziel gemeinsam an!
Reisen wir nicht zu den fremden Sternen,
hier bei uns gibt es genug zu tun.

Gleichgesinnte

Zwei Menschen treffen sich
auf einer Wellenlänge
gedanklich und im Tun - doch
jeder bleibt sein Individuum

Auf eigner Wellenlänge
begegnen sich Friedfertige
und Tolerante als Ausgleich
und Balance für die Welt

In den Augen der Verliebten
brennt ein Feuer
ihre Sehnsucht tanzen sie
auf ihrer Wellenlänge aus

Schaukelt jemand eine Wiege
spricht er auf seiner Wellenlänge
nur von Kindersegen
oder Elternstress

Auf weiter Wellenlänge
vereint die Politik sich
mit den Steuerzahlern
pflichtgetreu für aller Wohlergehen

Notleidende und Kranke
begegnen sich auf Wellenlänge
sie suchen die Balance zwischen
einem Hoffen einem Bangen

Stützt mühsam ein Betagter
sich auf seinen Stock
zählt er gemäß der Wellenlänge
nur die Alten auf dem Weg

Alle leben sie im Hier und Jetzt
jedermann auf seiner Wellenlänge
in dauernder Bewegung angepasst
dem irdischen Gezeitenstrom

Stumm

Ich heiße „Stumm"
und bin es nicht -
ein Zufall ist der Name
er wandert mit mir durch die Zeit
begleitet mich auf meiner Bahn
gibt mir Schutz, Identität
und macht mich nicht zur Nummer

Im Zuge der Gemeinsamkeit
gab er mir seinen Namen
den ich mit Würde tragen will
denn wir sind eins vor aller Welt
durch Liebe eng verbunden
und in unserem großen Glück
sind wir gemeinsam stumm

Lebensfäden

gesponnen
verwebt
zum Band
der Liebe

das hält und trägt
an allen Tagen

unsichtbare
Lebensfäden
sind die Kraft
der Unbesiegten

Erdenengel

Telepather
Fern-Beschützer
Herz-Vertrauter
Traum-Erfüller
Glauben-Schenker

Grenzenlose-Freundschaft-Pfleger

Psychologe
Tiefen-Schürfer
Seelen-Sucher
Balance-Finder
Krankheitstilger

Selbstheilungskraft-Erzeuger

Vertrauensvoller
Menschenfreund
Not-Bekämpfer
Hilfe-Bringer
Lebensretter

Sprecher für die Ausgegrenzten

mein bester Freund
dieser Erdenengel
mit den
überbreiten
Flügeln

Du im Herzkämmerlein

Einst lachten wir,
kosten und tanzten,
träumten vom Glück,
das nimmer vergeht.
Das Leben auf Erden
nahm jetzt eine Wende.
Du bist nicht mehr hier.

Nun wohnst du
in meinem
Herzkämmerlein.
Ich lausche
dem Klang deiner Stimme,
liebe dich inniglich
auch ohne Worte.

Einsamkeit trägt
jetzt für mich
einen anderen Namen.
In aller Stille
erwächst in mir
zaghaftes Suchen
nach neuer Erfüllung.

Die Perle

Beschützt vor den
Wogen des Meeres
so liegt in der Muschel
die Perle
in aller Stille
wächst sie heran
verborgen ist so
meine Liebe für dich
halte sie fest
sie ruht in dir

Liebe in
verschiedenen Facetten

Überall du

Hab' mein Häuschen
neu gestrichen
auf Fensterläden
Herzchen rot umrandet
Gardinen aus Seide
zu Wolken gerafft
Licht durchflutet Räume

Walzerklänge
verführen zum Tanz
ich schwebe hinaus
in den Garten
küsse alle Sonnenblumen
und immer wieder
im Bauch dieses Kribbeln

Du überall du
und nirgendwo
hältst dich versteckt
in einem Winkel
meines Herzens
du Fleisch gewordener
Gedanke

Wünschel und Maske

Im Dämmerlicht
legt das Wünschel
die Maske an
und schleicht sich
in dein behütetes Zelt

Lass dich
umschmeicheln
von meinen
süßen Gedanken
flüstert es leis

Gänsehaut pur
Berührung
liebkosen
zärtliches Streicheln
fast grenzenlos

Ein Klick - das rote
Lämpchen springt an
auf einem Lichtstrahl
gleitet das Wünschel
seufzend davon

Im Dunkel der Nacht
hat sich dein Antlitz
die Maske erobert
niemand erkennt
dein heimliches Lächeln

Der Fenster-Laden

Arabische Souks,
ein Labyrinth aus
verschachtelten Wegen,
verwinkelten Gassen.
Wie Bienenwaben
Lädchen an Lädchen.

Kunstwerk aus Messing,
Teppiche, Decken,
bestickte Gewänder,
Pailletten und Perlen,
gedengeltes Silber und
kostbares Gold.

Kaffee und Minze,
Gewürze und Weihrauch.
Geschwängerte Luft aus
Gerüchen und Düften
zwischen Schweiß
und Jasmin.

In einem Fenster
'Dessüs' und Dessous
aus Spitze und Seide,
Federputz, Kettchen,
undefinierbare Schachteln,
Flacons aus farbigem Glas.

Verschleierte Frauen
betrachten verstohlen
den Schauplatz von ferne.
Männer dagegen
fühlen sich angezogen
von einer magischen Kraft.

Hinter dem Vorhang
jener Boutique
warten feurige Augen.
In der Luft schwebt
ein Odeur von süßlichem
Moschus-Parfum.

Zu später Stunde
leuchtet im Fenster
eine verschwiegene
rote Laterne,
damit der Freier
die Tür nicht verpasst.

Die Hündin auf Santorin

Ich wohne
auf der hübschen Insel
und bin frei
sagte sich die Hündin
mit dem goldgelockten Fell
alle herrenlosen Hunde hier
sind meine Freunde

Durchstreifen fremde Rüden
mein Revier
nehme ich galant
die Fährte auf
zum Vater meiner Kinder
erwähle ich den schönsten

Hunde die man
an der Leine führt
tun mir Leid

Liebe für Blech

Ketten waren gefallen,
Fesseln abgestreift,
das Tor zur Freiheit
stand offen.
Ich hab' es gespürt,
dass mir Flügel wuchsen
und fühlte mich leicht
wie der Wind.

So schwebte ich fort
in die neue Welt
mit meinem
allerersten
eigenen
fahrenden Untersatz,
Fiat Bambino,
in feurigem Rot.

Unbeschreiblich
dieses Gefühl,
das man im Leben
nur einmal haben kann.
Es ist wie beim ersten Mal
aller lieben Begebenheiten:
der unvergessliche
Jungfernflug.

Liebe, unergründlich

Als ich jung war
wuchs sie heran
diese Liebe, unergründlich

Im Sturm hab ich mit ihr
andere erobert, wie viele
weiß ich nicht mehr

Dann schlief sie ein
diese Liebe, unergründlich
hatte mich damit abgefunden

Wie ein Wunder
erwachte sie plötzlich
aus dem Dornröschenschlaf

Sie ließ mich erblühen
zu neuem Leben
diese Liebe, unergründlich

und mit ihr
das Gefühl für ein
Wiedergeborensein

Man braucht sehr lange
um jung zu werden
sagte Pablo Picasso

Rosenkammer

In der
Rosenkammer
meines Herzens
blüht die Liebe
zeitenlos

Unvergessen
bleibt der Jüngling
unverändert
ewig jung

Unerfüllt bleibt
das Verlangen
der erträumte
Weg zum Glück

Aus der
Rosenkammer
meines Herzens
fliegt die Sehnsucht
himmelwärts

Venushügel

Würdest du
alle Berge versetzen
mein Venushügel mir bliebe
der duftende Wald
mit der Quelle der Wonne
dies Paradies
bliebe hier
nur bei mir

Spielen

Ich spiele Fangen
mit den Worten
die wie Schmetterlinge
in der Sonne tanzen

Ich spiele Suchen
mit der Liebe
die sich hinter
einem Buch versteckt

Ich spiele Fliegen
in der Leichtigkeit
an der Seite
meines Engels

Lolita

Sie nennt sich Lolita
und tanzt nur für Geld

Sie tritt aus dem Dunkel
ins Scheinwerferlicht
vor leuchtende Augen
erwartungsvoller Voyeure

Als orientalische Schönheit
zieht sie mit ihrem
Schwindel erregenden Taumel
alle Betrachter in ihren Bann

Zum Rhythmus der Trommeln
peitscht sie Sehnsuchtsgefühle
bis an die Grenze
unausgelebter Träume

Sie tanzt als Lolita
und flieht vor der Nacht

Veränderung

Die Wege führten mich
ins Land der Möglichkeit
greifbar nah war alles
was mir so lang fehlte

Mein war die Entscheidung
abgeschieden und allein
ohne Vorschrift ohne Fragen
wachsen musste nur der Mut

Ja! Ich sagte JA
zum neuen Leben
endlich Liebe ohne Vorbehalt
eine Quelle reich gesegnet

Rote Wünsche

Frau wünscht sich
Kirschen am Baum
Rouge auf den Lippen
ein rotes Kleid
Sonne auf Capri
dunklen Wein
Rosen im Arm

woman in red
wünscht sich ein Feuer
für Herzgestöber

Lebendes Kunstwerk

du bist
mein Rahmen
und ich bin
dein Bild

du gibst mir Halt
und beschützt die
zerbrechlichen
Seiten

gemeinsam
sind wir ein Kunstwerk
das im Glanz unsrer Liebe
leuchtet

Ein Herz mit zwei Seiten

Sie möchte so sein wie er,
der stets in sich ruht,
die Welt mit Verstand betrachtet,
sie möchte so sein wie er.

Er möchte so sein wie sie,
spontan, kreativ,
das Herz auf der Zunge,
er möchte so sein wie sie.

Sie möchten so sein
wie sie sind, gemeinsam
vom Schicksal geformt,
e i n Herz mit zwei Seiten.

Mein bester Freund

vom Himmel
ist er nicht gefallen
obwohl ich manchmal glaube
dass es so ist
denn er war plötzlich da
als ich ihn brauchte
ein Lichtstrahl war er mir
in meiner dunklen Nacht

das ist viele Jahre her
wir herzen uns noch immer
berühren unsere starken
und auch schwachen Seiten
lassen Freiraum dem Geschehen
wandern Hand in Hand
sind uns Stütze
geben Halt dem Leben

bisher unverändert
blieb mein Gefühl für ihn
es stellt alles andere
in den Schatten
ihm gab ich mein JA
vor aller Welt
denn mein bester Freund
ist mein geliebter Ehemann

Schlüsselworte

Dort, wo Dornröschen schlief,
sind Gefühle zum Leben erwacht.

Dort, wo das Wasser versiegte,
sprudelt wieder die alte Quelle.

Dort, wo die Blume verblühte,
brechen junge Knospen auf.

Dort, wo der Mund verstummte,
formt sich die Sprache neu.

Dort, wo die Hand gelähmt war,
eine zarte Bewegung.

Dort, wo Füße in Pantoffeln steckten,
tanzen rote Schuhe.

Dort, wo die Glut der Liebe erlosch,
brach neues Feuer aus.

Dort, im Käfig der Unmöglichkeit,
wurde die Tür zur Freiheit geöffnet

nur mit den Schlüsselworten
'Ich liebe dich'.

Im Schatten
deiner Flügel

Im Schatten deiner Flügel
fühl' ich mich geborgen

wenn mein Herz
im Takt mit deinem schlägt
wir zu einer Welt verschmelzen
in der die Liebe wohnt

wenn wir das Glück
mit allen Sinnen spüren
haben wir das Ziel erreicht
nach dem wir alle streben

Im Schatten deiner Flügel
darf ruhen mein Geschick

Wind

Schwungvoll das Leben
Wipfelzerzausen
Ritzengesänge
Wolkenverjagen
Versteckenspielen

Dieselbe Unrast
trägt viele Namen
lässt sich nicht zähmen
und nicht besitzen
ist Energie pur

Heute werde ich
deine Windbraut sein
mich treiben lassen
in deine Arme
zum Tanz durch die Nacht

Verknüpfung

Liebe ignoriert Gesetze
Kopfgesteuerte Grenzen

Bei Tag und Nacht
zu jeder Zeit
nimmt sie die Hürden
nistet sich ein
in das bebende Herz
um sich anhand
ihres Zauberstabes
alsbald zu vermehren

Wer sie empfängt
und Früchte trägt
den verknüpft sie
mit den Taten
des Unsichtbaren
der unsere Welt
in Ewigkeit
zusammenhält

Sommer-Segen

Im Himmelbett gelegen
einen Sommer lang geliebt

Sonnenschein geht schwanger
mit dem warmen Regen

Aus den schweren Wolken
strömt der Segen auf mein Feld

Geburt

im Wundergarten unserer Liebe
feiern wir ein Fest der Freude

im Akt des Gebens lag verborgen
der Keim des neugeborenen Lebens

welch herrliches – welch himmlisches
welch göttliches Geschenk

Kleines Wesen

Kind der Liebe
verborgen warst du
vor den Blicken
des Gefährten

nur ich allein
konnte dich
mit meinem
Herzen sehen

kleines Wesen
großes Wunder
neu erschaffen
für die Welt

Wärme wollen
wir dir schenken
dich begleiten
auf dem Weg

bis du
eines Tages
den eigenen Pfad
gefunden hast

dann nimm dein Leben
in die Hand
und vertraue deiner
inneren Stimme

Wundersames Glück

aus dem Samen
wächst ein Wunder
aus dem Wunder
wächst ein Glück
aus dem Glück
wächst ein Samen

wundersames Glück

Jahreszeiten einer Liebe

Es war Frühling.
Sie trugen Blüten in den Haaren,
pflanzten Liebe in ihr Herz
und reichten sich die Hände.
Im Garten ihrer Träume
reiften ihre Wünsche.

Im nächsten Sommer
bauten sie ein Haus
und füllten es
mit buntem Leben.
Der Wind verbreitete den Duft
von Rosen und Lavendel.

Herbstens pflückten sie
die Früchte ihrer Mühe.
In den Falten der Gesichter
verkrochen sich die letzten
warmen Sonnenstrahlen.
Tropfen hingen im Versponnenen.

Zuversicht und Bangen
setzten sich ans Feuer ihrer Liebe,
das sie in kalter Zeit noch wärmte.
An einem rauen Wintertag
breitete ihr Schöpfer
seine Arme aus.

In Stein gemeißelt nur zwei Namen.
Christrosen pflanzte ich auf ihren Hügel
zum Gedenken,
denn die beiden hatten
Samenkörner ihrer Liebe
in mein Kinderherz gelegt.

Inhaltsverzeichnis

Lebensstürme

Gestrandet

Ankern der Seele

Wir in einem Boot

Liebe in verschiedenen Facetten